Walle Sayer

I R R L Ä U F E R · Gedichte

Klöpfer & Meyer

Autor und Verlag bedanken sich bei der Hans Böckler
Stiftung für die großzügige Förderung des Buches.

Die Deutsche Bibliothek – CIP-Einheitsaufnahme
Sayer, Walle: Irrläufer : Gedichte / Walle Sayer. – 1. Aufl.
– Tübingen : Klöpfer und Meyer, 2000
ISBN 3-931402-55-X

© 2000. Klöpfer, Meyer & Co Verlagsgesellschaft mbH,
Tübingen
Alle Rechte vorbehalten.
Lektorat: Hubert Klöpfer, Tübingen
Gestaltung: Gertrud Eilenstein, Bleicher Verlag
Umschlag und Illustration:
Werner Rüb, Bietigheim-Bissingen
Herstellung: Gulde Druck, Tübingen

Gerüche, Windhauch so selbstgewiß
Unangestrengt stehen die Bäume und der Himmel
Wölbt sich ohne Überheblichkeit.

Richard Leising

I

Winterabmachung

Ein gerissener Faden,
verknotet mit einem Glockenseil,
hinter der Sakristei,
wo wir gestanden sind,
verklingender Tag
mit stercher Wäsche auf den Leinen,
Tannenreisig zum Abdecken
und vereinzelt noch Äpfel,
schwarz und verhutzelt
im obersten Geäst
der Bäume im Pfarrgarten,
wo wir gestanden sind,
wo wir standen,
vor unsern in den Neuschnee
hineingebrunzten
Initialen.

Bierlingen, im Höfle

Regenwassertonnen, leeres Gähnen,
unterm Wehen aufgehängter Laken
schläft ein Nachtgespenst, der Hund
hat seinen Knochen wieder ausgegraben,
vorm Haus steht ein Altkleidersack,
die Tür, sie ist nur angelehnt,
und auf dem Spaltklotz
sitzt ein Vogel.

Einflüsterung

Durch den holprigen Hof gerollt,
ein rostiger Faßring wie dieser.

Wo er liegenbleibt, markiert er
den Mittelpunkt der versunkenen Welt.

Wir schreiben 1969: nenn mich Scottie,
steig hinein und laß dich runterbeamen.

Wenn du jetzt die Augen schließt,
fängt dich ein Fallen auf.

Vaterbild

Neben der Abortgrube das hölzerne Lachenfaß,
breiige Zeitungsstreifen, noch nicht zersetzt,
durch alle Türritzen würgte aufgerührter Gestank,
braune Spritzer in seinem bleichen Gesicht,
an einem langen Stiel heraufholend unsre Brühe,
ein Schöpfeimer voll für einen jeden Tag.

Lichtrechnung   für Andrea Noll

Kindheitsgewöll, gotzige Tage,
hingehauchte Löcher im Beschlagenen,
ganz deutlich das Verschwommene jetzt,
wie wir gelaufen kommen, uns selbst entgegen,
an defekten Außenleuchten der Wirtschaften vorbei,
mit Rotzglocken neben der Kandel daher,
durchs Dämmern vernehmend ein Großelternwort,
indem da herabscheint ein anderer Mond,
den nachher außer uns niemand sperren wird
in den letztgewesenen Saustall am Ort,
den rostigen Riegel davor.

Fixativ

Wenn danach,
wie alle sitzen um den Küchentisch,
das stumme Kind verstohlnen Blicks
den Metzger ansieht: ihn,
der ablehnend Innereien,
Kranzbrot ißt um Kranzbrot,
Stücker runtersäbelt und sie
schiebt in seinen Mund,
regelrechte
Keile.

Kindheitsgeschichte

Kopfunter hing,
von sechs Männern hochgehievt,
der vom Klee geblähte Leib der Kuh,
Katzen erschienen von überallher,
und vorbei an unserm starren Sehen,
eine erstwirkliche Prozession,
das Kommen und Gehen der Leute,
die dann mitnahmen, forttrugen,
das freigegebene Fleisch, das
dalag, mit Tüchern abgedeckt
vor dem Summen der Fliegen,
forttrugen, riesenhafte Stücke,
Stücke für einen Riesen,
von dem wir jetzt wußten,
daß es ihn gab.

Narrenmesse

In einem Frack
mit Mottenlöchern
spielt der Organist,

Engelspolonäsen
hallen durch den Raum,

im Nachthemd sitzt die Hebamm
mit dem Totengräber
in einer Bank,

vorn hält der Pfarrer
eine Laienpredigt,

sagt, daß auch ein Gott
sein Menschenmöglichstes halt tut
und Firmament
zum Himmel.

Milchhäusle

Luftlücke, prägend im Ortsbild, aufgelöst
in ein begrüntes Nichts, Phantomgebäude
angegrauter Kinder, wie sie gehen, daran
vorbei mit leeren Händen, mit der Leere
in den Händen, nur im Ohr das Klappern
viel zu schwerer Kannen, ferner Ton
aus leisem Abgesang.

Im Freien

Im Freien, hinter der Remise,
neben Krempel, Kruscht und anderem Gelump,
bis auf alle Räder ausgeschlachtet,
Raumkapsel, Wetterversteck und Blechoase,
richtungsverlassen, auf Holzrugeln aufgebockt,
Unkraut sproß unter der Motorhaube hervor,
im Kofferraum ein Blindschleichennest,
und Nachbarsmädchen auf den Rücksitzfedern,
die ausstiegen, mitten im vollsten Karacho,
immer von woanders hin nach anderswo,
in das Blaustichige, auf den Horizont zu,
wie der hinterm nahen Felderstreifen
ein Längsschnitt war im Dunst der Scheibe,
nur Christophorus sah uns zu von seiner Plakette,
nur das Altern überholte uns.

Das eigene Zimmer

Den Eltern abgetrotzt,
ein bebensicheres Kabuff,
keinem Verwandtenbesuch zeigbar,
diese ausgeräumte Abstellkammer,
im Grundriß gar nicht verzeichnet,
die an der Wetterseite lag
und zur Miste hin,
winters nur zu beheizen
durchs Offenstehenlassen der Tür,
ab dem Frühjahr nahm ein Birnbaum
dem einzigen Fenster
das Licht.

Schnapszahlendreher

Verflossene Liebschaften erinnern sich deiner,
die Schnecken blasen zur Aufholjagd, Jahresringe,
Stirnfalten und Kerzenstummel, weithin zurück,
zur Einkleidung hin, wo's ein Adamskostüm gab,
als du saßest vor den Schochen der Kinderteller,
und Zählstriche verschwanden in Ameisenritzen,
Luftschiffer: willst du damals noch werden.

Nachtschnitt

Dämmrig nachgezogene
Konturen, Schattengewächs,
den Hang hinauf zu der
umrißnen Himmelshöhe,
die der Kirchturm
steipert, vorm Bißmuster
der Kaminreihen, dem
unbewohnten Schemenanbau
an den schiefen
Hausfassaden.

II

Hörtest

1

Das sind Schritte,
die nach vorn führen,
Kinderschritte sind das
und ihr Zuspätkommen,
auf dem steinkalten,
dem trennenden Mittelgang,
den es gibt, noch ungefähr
Ausgang der Sechzigerjahre,
als Furche zwischen den Bänken
der Männerseite und
jener der Frauen,
in der hiesigen Kirche,
deren damalige Empore
jetzt den Nachhall
verschluckt.

2

Das Blei,
das Zimmermannsblei,
leicht hinter seinem Ohr,
wie es fällt auf den Boden
der Werkstatt, gleich darauf
vom Lieblingsenkel aufgehoben,
falls er dasteht neben ihm
am untern End der Hobelbank,
mit dem staubigen Fensterblick
auf den Hof, wo die Hühner
Hieroglyphen scharren
in den Sand.

3

Das Schaben
einer stumpfen Klinge
über graue Bartstoppeln,
nicht ansprechbar dann
im Ruhepunkt des Sonntags,
da die verrauchten Vorhänge
das Nachmittagslicht sieben,
vor diesem Rasierspiegel,
der jedes Lächeln schräg
verschiebt nach oben,
Sprünge im Glas,
die halten seit
Jahren die
Scherben.

4

Dumpf der Widerhall
von losen Schlägen, Stakkato
eines Teppichklopfers, gradwegs
über Gartenmäuerchen hinweg,
leichter als die Kälte, leichter
als verriebener Pulverschnee,
von Winterluft getragene
Grundtöne, die nicht wissen
was so niedrig anzustimmen ist,
dumpf die Hohlgasse hindurch,
wo sich ihr Echo abgefangen
an den Häuserwänden stößt.

5

Das Rauschen
in den Kastanienbäumen
am Friedhofstor,
wenn vor dem Kind,
das man gewesen sein wird,
ein Name verklingt
in schwarzrandiger
Ausschachtung, der Akustik
der Aussegnungshalle,
darin ein jeglicher
Laut erschrickt
vor sich selbst.

6

Gebrumm, kreisendes,
einer fetten Fleischmücke,
aufgescheucht vom Seitenrand,
als sei es die immergleiche
solch zerlesener Nachmittage,
die verhockt sind auf der Eckbank,
Stunden, die im Kringel laufen,
inmitten einer Küchenstille,
da der Wasserhahnen tropft
in den vollgestellten Schüttstein,
tropft und wie aus diesem Tropfen
ein Metrum wird, langsames, das
der Wanduhr ihr Getick
durchdringt.

7

Das Zuschlagen, das
Zubätschen der Tür, ihr
lautes Fallen ins Schloß,
ein Hall, der sich bricht
an den salpetrigen Wänden
des Hausgangs, wo kühle
Schatten sich zurückziehn
in die Ecken, die Decke
immer niedriger wird.

8

Rostige Angeln, so
kreischt nur der Bühnenladen
an einem undatierten Morgen,
wenn umliegend die Dächer
weiß eingepaßt sind
in den Ausblick und kalte
Helligkeit den Himmel
durchsichtig grundiert,
für die Rußwolke,
die aufsteigt überm
Nachbarhaus, Drachenbrodem
vom Kaminausbrennen, der
die Krähen verschreckt.

9

Bettgeknarr, wie es dringt
durch die dünnen Wände der
oberen Kammer, die im Schlaf
zum Areal wird, abgesteckt
mit den Schnauferlängen
einer Unruhe, die sucht
den Lichtschalter oder
nach altledigen Söhnen,
Nagetiere in der Zwischendecke
und im Fensterausschnitt
druckst mondhell
die Nacht herum.

10

Ein knisternder
Riß, weiter als weit,
also fern, an Straßenecken,
wo die Stimmen ein Leiseln sind,
zertritt jemand als Kind,
das vergessen hat was es wem
ausrichten soll, den Eishauch
auf den Wasserlachen,
und läßt keine aus.

III

Ausgangspunkt

Die Herkunft lang schon vor mir da.
Koordinaten: auf etwas zu, von etwas weg.
Ein Zirkelstich, in dem der Ort versinkt.
Ein Happy-End, das schlecht ausgeht.
Damit ließ es sich beginnen.

Anprobe

Dieser Schatten ist mir viel zu lang.
Diese Sehnsucht wirkt zu groß, zu blau.
Die vorige Epoche erschien vorteilhafter.
Und dieses Schicksal zwickt an allen Stellen.
Und solche Sätze passen nicht zu meiner Stimme.
Das andre Lachen stand mir, glaub ich, besser.

Wolkenloge

Erde, du Himmelsunterführung,
Kapellen stehn wie Kassenhäuschen
in der Landschaft, stecknadelkopfgroß
die Heuhaufen, ein nichtamtliches
Luftbild, Umgehungsjahre ließen
sich einzeichnen von Hand, das Gehen
ist ein Austappen der Wege nur.

Wolfsblick
 (Stuttgart, Naturkundemuseum Schloß Rosenstein)

Als wären die Fangeisen noch aufgestellt,
in die er nicht getappt ist, weggeschmolzen
die Eiszotteln an seinem Fell, kümmerliche
Fettreserven, wie ausgestopft mit Moos:
der Letzte seiner Art aus Württemberg,
erlegt durch einen Waldschütz aus Eibensbach,
der namentlich erwähnt ist, (eine Marginalie
auf der ersten Zeitungsseite vom 12.3.1847),
fünfzig gerissene Schafe, säumend den Rand
der verlorenen Fährte, die hier endet
in dieser grimmigen Wärme, wo er dasteht
mit geschliffner Starrheit seiner Glasaugen
und auf immer erwartet
den hallenden Schuß.

Uhrenvergleich, Zeitklauberei
(Dettingen, Refugium, für Anna Lohmüller)

Sekundenkleber, Baggerstunden und Tagestouristen
am andern End von der Welt, all das kein Zeitmaß
für uns, anno heutzumals, jetzt, vor der Gegenwart
grobdatiertem Stolleneingang, jetzt, Anna, da ich
endlich weiß, wofür man eine Frostsalbe braucht,
(»mitten in der Nacht, um diese Jahreszeit«), und
daß Luftschlösser Zweckbauten sind, bewohnbar wie
Erinnerung an abgerißne Elternhäuser, deren Aufriß,
nachgezeichnet von der Spur der Kellerasseln, die
sich bis in Dachkammern hinaufverirrten, von da aus
fällt der Blick auf eine Sonnenuhr: sie geht
um einen Wolkenschatten nach.

Handtascheninhalt

Halbleer das Arzneikölbchen,
das weihwassergefüllte, unbenutzt
ein Taschentuch mit eingesticktem Monogramm,
nichts, das sich voraussagt
durch Kassenzettel über Bagatellbeträge,
einem Busfahrschein vom Nahverkehr,
den Scheiben Brotes, eingewickelt
in Serviettenweiß, nichts,
nur ein süßlich ausgeleerter Duft,
und zwischen den Gesangbuchseiten
abgegriffen ein verschüttetes Licht,
in dem die Heiligen verharren,
neben Trauerkarten längst abgeräumter Gräber,
den krähenfüßigen Schriftzeichen,
auf Nebel gedruckt.

Onkelhymne

Wer wie er
Erstgeborener war und Nachzügler in einem,
Päckchensuppen anrührt und mit Fleckensalz würzt,
das Herbstlaub in den Dachrinnen einfach faulen läßt,
weiterhin so tut, als würd er auf die Letztbeste warten,
einmal rote Schnallenschuhe kaufte für sein Patenkind,
und so allein ist mit sich, daß er
daheim wenigstens immer eine Einsamkeit hat,
als wie jemand mit dem er jederzeit anstoßen kann
und der ihm entgegnet: was eh zukommt auf dich,
dem brauchst du nicht auch noch
entgegenzugehn.

Strohhut

Stoppeln, Spreu und das Mitdürfen,
für ein paar Feldlängen, da auf dem

Mähdrescher oben, wo Staub die grauen
Schweißbäche bindet, im Gesichte des

Fahrers, der horcht, durch den Lärm,
auf ein lottriges Schräubchen, auf

ein schlagendes Blech, sein Tag ist
ein Urlaubstag, genommen zur Arbeit,

der Staub, die Hitze, die Mücken, vorm
Blinzeln der Augen, ein flirrendes Netz.

Jugendnimbus
>   Als es schön war, wußte ich es nicht.
>   Martin Walser: Meßmers Gedanken

Handverlesene, angestammt,
betrachtend den Betrachter: wir,
ein noch nicht wehrerfaßter Jahrgang.

Unser Bartflaum, ins Gesicht gehaucht
von Titelmädchen der Illustrierten.

Wolkendecke, immer
kurz bevor sie niederfällt
auf unsern Kopf.

Wo man hingeht nachher, wird es
brechend leer sein, gähnend voll.

Rücklings die Schatten der Häusergetüme,
Weite, sich erstreckend das Jahrzehnt,
eine abschüssige Steigung.

Schulhof

Ja, hier, wo ein Pausenklingeln
mich hergelockt hat, unverkennbar
vom einstigen Nebensitzer ein Sohn
großspurig lehnt in der Raucherecke,
ich aufschau zu den matten Fenstern,
eine Anwandlung hab im Gegenlicht,
banale Fliegen als Chiffren vor Augen,
die mit ausgezupften Flügeln ein Umherirren
nur noch waren, ein Punkt nur sind:
schwarzsummend, über Tischflächen,
Radierlöcher, einem Labyrinthgesudel,
auf Symmetrieachsen oder Bruchstrichen
entlang, wie ans Ende meiner flüchtigen
Zeilen nun, kleingekritzelt auf
diesem Spickzettel der Zeit.

Lovesong, Gedudel

Mädchen, diese Jahre vor uns
plötzlich Zukunft nennen.

Sag einfach: Verschwinde endlich,
hau ab, und nimm mich mit.

In allen Elsternnestern suchen wir
nach Trauringen, die glänzen, komm.

Hand in Hand, als müßte so
Klaffendes zusammenhalten.

Wollen wir dasselbe, meinen wir
etwas tupfengleich Verschiednes.

Unter unsern Kleidern schimmert
nur eine nackte Rüstung.

Fundstück

Gezackte Ränder, Bild
vor aller Zeit: ein Schimmel
und ein Rappe, die ziehen als Gespann
die Hochzeitskutsche, abgewandt
die schöne Braut, die so das wollte,
drauf bestand, niemand
hat gewußt warum.

Null ouvert

Unter den Wasserflecken an der Zimmerdecke
mischelt das Erinnern die Jahre, es ist alles nur
ein abgekarteter Ernst, Könige und Damen schweigen
angeknickt in ihrer Zweiöde, ungezinkt das Nichts,
geht an den Wenigstbietenden, ich weiß nicht wie
den Tod von seinem Kätzchen meinem Kind erklären:
wer sagt mehr, wer spielt aus.

Erscheinung

Nur um mir zu zeigen, wer wem
vergilbt geschnitten ist aus dem Gesicht,
steht sie da,
zusammenkneifend ihre Augen
im Grubenlicht des Nachmittags,
das die Konturen schief verrückt
der wackeligen Möbel,
zieht mich am Arm
durch diese säuerliche Luft
zum Stubenfenster hin,
steht da
mit leicht verrutschender Perücke,
Haarbüscheln, die darin fehlen,
steht sie da,
eine achtzigjährige Ophelia,
und redet von Vermißten,
zeigt auf gesenkte Häupter,
auf Gestalten meines Alters, deren Namen
nur noch geläufig sind vom Kriegerdenkmal her,
steht da
und hält die Photoecken in der Hand
wie einen Zipfel
von der Zeit,
aus der sie
kommt, in
die sie
geht.

Flugschrift

Hinunterzusehen
vom Schurkenturm aus
auf die Reste der Stadtmauern,
Horb, wo du geboren wurdest
um 1490, wohin
kein Ratsprotokoll zurückreicht,
dein Weg, von hier nach Baltringen,
jeder Hügel ein Kalvarienberg,
du, vom Kürschnergesellen
zum Feldschreiber der tumben Bauern,
dagestanden sind sie
mit ihren liederlichen Sensen,
vor Böblingen, jener Maitag,
als der rote Hahn ersoff in ihrem Blut
und erbärmlich ein Gott sich abwandte,
weil er sie nicht umdrehen konnte,
die Spieße,
item, Lotzer.

Paul Kälberer: Sintflut
  (Aquatinta-Radierung, 1930)

Unaufhörlich
steigt das Wasser,
unterm schwarzen Gewölk,
dem prasselnden Regen,
umflutet ragt der Hügel
in die verbleibende Zeit,
brüllend das Vieh,
nackt die Leiber,
ein Ätzgrund,
der die Netzhaut ist
von einem Gottesaug,
ungerührt darauf ein Sehen,
in dem wir uns erblicken
im Kleinerwerden der Gestalten,
als in Baumkronen Geklammerte,
ins Schattenhafte abgewandt,
inmitten eines Irrsinns,
der da herfällt
mit Beilen, Messern
über sich selbst,
und diesem Paar dort,
stoisch neben der dunkelsten Stelle
aus Pfählen ein Floß sich erbauend,
das untergehen wird
im Wasser, das steigt,
unaufhörlich.

Flugfahrradkonstruktion

Seine Beuroner Jahre, Schussenried,
eine Thermik, die hinwegträgt
über Klosterdächer, Anstaltsmauern,
das ganze Elementarium, Geisteswort
von ihm daselbst: Mesmer Gustav,
Ikarusnachkomme, Fluglehrer,
abheben wird er gleich und über die Kuppe hinaus
fehlt uns ein Sinnesorgan,
ihm nachzusehn.

IV

Herbstnachmittage

Wiesenkicker, Regenwolken,
hinter den letzten Häusern,
fünf Schrittlängen die Tore,
mit Ästen abgesteckt,
alle tragen Schlamperhosen,
die beiden Jüngsten
dürfen wählen, es gilt
ein Dicker und ein Brillenträger
für einen Guten, zu wem
hast du gezählt.

Mannschaftsbild

Festschriften, darin erscheinen
lächelnd, ausgemusterte Darsteller
einer unbekannten Passionsgeschichte,
sie, die Pioniere des Vereins:
immer vor ein paar Hanseln der Anstoß,
noch dreißig Jahre und einen Weltkrieg
vom ersten Aufstieg entfernt,
sie, mit ihren Steckenfüßen,
ihren eingebundnen Wackelknien,
immer gegen die gleichen Gegner,
umdribbelnd auf dem Spielfeldacker
sich selbst, die Maulwurfshügel
und die tiefen Löcher.

Verlassener Sportplatz

Das war eine andere Zeit,
in einem anderen Leben,
als von keiner Glücksfee ausgelost,
bei unterklassigen Zitterpartien
einer immer da sein mußte,
der gegen das Gefluche von Abwehrrecken
sein Stottern vergaß,
eine Fahne aufhob,
mit ihr in Richtungen zeigte,
und eine krummgestreute Auslinie entlang
in seiner Schmächtigkeit
auf und abging,
bis seine Sonntagsschuhe
weißbestäubt waren
vom Kalk.

Strafraum, Rehe

Wie still es war,
ganz am Anfang, als noch
kein Fangnetz stand,
kein Vereinsheim, das angrenzte,
der Platz nicht geflutet lag
im gleißenden Licht,
wie es still war,
die Idylle noch keine Idylle,
wochentags, wenn aus der Dämmerung,
wie aus ihrem eignen Inbild,
hervortraten: Rehe,
die ästen im Strafraum,
daß Wind zu wehen
vergaß.

Helmut Rahn, 1977

Der Weltmeister läuft ein,
Nummer Zehn der Prominentenelf,
die tingelt über abseitige Dörfer,
spielt in den Waldstadien der Provinz,
Auftritt im Namensglanz, dem Vätergeraune,
als eine steife Aura mit Bierbauch,
von der's kein Sammelbildchen mehr gibt,
ein jeder Kreisligaspund sieht sich
ihm locker davonlaufen über den Platz,
wo er jetzt aber aus dem Stand behäbig
den Ball versenkt im Lattenkreuz,
ein Lupfer, hinweg über
den eignen Schatten.

Bildausschnitt

Wie nichts verläppert,
nach Heimsiegen, die längst
keinen mehr jucken, die Bedienung,
ihr gequältes Lächeln, im Rauch,
dem Gegröhl, durch den Schankraum,
in ihrer Junggewesenheit jetzt,
den Bierstiefel tragend, eine
Besäufnismonstranz, stumm
vor sich her.

Antritt

Auf und ab, der Junge im verschwitzten Trikot,
eng am schwächeren Fuß den Ball, im Laufduell
mit Schattengegnern, den leeren Raum umspielend:
wie weit der Platz wird durch sein einsames Üben,
wie verloren er wirkt allein auf dem weiten Platz.

V

Briefschatulle

1 (Stuttgart, Oktober 1949)

Ein Hinterhoffenster ohne Ausblick,
die Decke mit Ruß geweißnet,
morgens ist es noch nicht hell
und abends schon dunkel,
die Zimmerwirtin eine Schnalle,
das Brennholz extra berechnet, warm
wird es nur vom Zwetschgenschnaps,
hinter einer Zierleiste versteckt
der Wochenlohn, ein halbes Jahr
für eine Futterschneidmaschine,
kein Amtsbote läuft vorbei, niemand
schellt etwas aus, auf dem Nachttisch
liegt der mitgenommene Stein
vom Pfarrainacker.

2 (Leutkirch, November 1952)

Vom Kindbett leidlich erholt,
der frühe Schnee verspricht milden Winter,
ein anderer Schlag von Leuten,
Getuscheltes und Mißgunst,
der Kirchgang: ein Barfußlaufen
auf den ausgebrochnen Zacken einer Krone,
alles ist wie es ist, nicht anders,
die Aussteuer hat Platz im untersten Fach
der großen Schränke, die Mitgift
deckt den Pachtzins eines Jahres,
Kutterschaufeln mit Emaillegriffen, kagloses
auf die Zunge Beißen, wie bei einer Katz
im zugeschnürten Sack, so dunkel
ihre schlaflosen Nächte.

3   (Plochingen, April 1930)

Vorbeiadressiert am Vaterzorn, holprige Sätze
von der Arbeit im Streckenbau, ein Zimmer
mit sechs anderen und kein Himmel
von der Schlafstatt aus,
das Hungern nach ihr: so dünn werden,
daß man durch ein jedes Flugloch paßt,
abends das Gesicht in den Spiegeln
stinkender Wirtshausaborte, die Furcht,
daß nichts mehr gut wird, Herzgrimmen,
er, als ein armer Schlucker,
drei Sterbenswörtchen,
dich, dein.

4 (Schwenningen, September 1956)

Stiegenknarren, Heimwehkraut, zugig
die Schlafkammer über der Werkstatt
und gestreng der Lehrherr, draußen
erste Zugvögel, ihre Formation stößt
einen Keil in den Himmel, sein Fortsein,
das begonnen hat zu werden: Fremde,
Spinnennetze in den Fensterwinkeln,
eiternde Holzspreiße an den Fingern
und im Traum der letzten Nacht die Mutter,
die ihm wortlos eine Schüssel reicht
mit dem Aufbruch eines Rehs.

5 (Teinach, September 1937)

Wirrer Seufzerbrief, noch
wallfahrtstrunken, Schattenflecken
hingesprengten Weihwassers darauf,
von Opferkerzen die Rede, abgebrannt
für das Seelenheil des Bruders
und gegen seine Trunksucht,
einmal der Ausdruck: Ewigkeitsgefluche,
dreimal das Wort: Sittlichkeit,
eine Unterschrift wie ein Gewitterblitz
und auf dem anbeigelegten Marienbild
eine zertretene Schlange auf der Erde,
deren Anblick einen dauert.

6 (Bad Kissingen, April 1969)

Spazierfluchten
durch den Kurpark, Tauben,
denen Mantelfutter hingestreut wird,
und lauter Witwen überall, die hier
in ihm einen zweiten Schatten suchen,
er, einer Moorbadleiche gleich,
die selbst noch zunimmt von der Schonkost,
falschgeschrieben seine Krankheit,
nach lateinischem Blumennamen klingend,
und eine Handschrift, Sauklaue sein Wort,
die nicht mehr unterscheidet zwischen
furchtlos, fruchtlos, Last und Lust,
Ohrensausen in der Zimmerstille,
nachts die Schnarchgewitter.

7 (Sydney, Weihnacht 1969)

Briefmarkendelphine,
überbringend eine Vorabanmeldung
fürs übernächste Jahr: die Sechzigerfeier,
tannenwipflige Schrift, die fragt
wer noch alles lebt, die eignen Kinder jetzt
im ehmaligen Überfahrtsalter, selbst
das Weiße zwischen den abfallenden Zeilen
erinnert den Buckel hinterm Friedhof,
Schlittenhang der Kindheit, dort
noch einmal stehn und das Gesicht
sich rötlich färben mit
einer Handvoll Schnee.

8 (Trillfingen, September 1966)

Sich panzern
mit den Verletzungen,
die einem zugefügt wurden:
ein schwesterlicher Klageton,
daß ihr das alles nichts mehr ausmacht,
daß sie ihm nicht mehr flattiert
und keinen Knopf mehr annäht
an seinen Hosenschlitz, und dazu
bei jedem Wetterumschwung, jedem Föhn,
ihr Kopfkissen: aufgeschüttelter Amboß,
auf dem sie daliegt neben seinem Schnarchen,
Sägbock, ihre Männertitulierung,
und Jahre, Liebe verrechnet miteinander
und nach jeder solcher Nächte
kommt etwas anderes heraus.

9 (Tübingen, Oktober 1972)

Nährlösungen, versetzt mit
Schweißtropfen, mit Kindertränen,
und Assistenzärzte, deren kalte Hände
drücken auf die lindblattgroße Stelle,
Erbgemeinschaften verlieren sich im Hallen
der verzweigten Gänge, bringen
angepickte Äpfel mit und die Zeitungen
der letzten Tage, die Bettnachbarn:
ein Kettenraucher mit eingegipsten Armen
und käseweiß einer, dem alles so wehtut,
daß ihn nichts mehr schmerzt.

10 (Bierlingen, November 1977)

Lebenszeichen, vermurkeltes: Wind
drückt auf Kamine, rings die Häuser
stehen all an ihrem Platz, vorm Fenster
treiben Hammerschläge dumpfe Kletterhaken
in die Luft, das letzte halbe Jahr war
gleich wie die vergangenen sechs Monate,
im Dazwischen treibt ein jedes Nicken
die Uhren an, ins Wolkenlose,
auf Normalnull hin, zeigt
die Kirchturmspitze.

VI

Streichholzziehen

Der lange Atem oder die kurze Spanne.
Die Zimmerdecke oder die Lufthoheit.
Eine Wundklammer oder eine Geldbanderole.
Alles oder jetzt und nichts oder nie.

Strichmännchenporträt

Blaue Himmelsritze,
daran stößt ein viel zu eckig
groß geratner Kopf,
ein Sonnenrund daneben
mit gelben Stacheln, die
nicht brennen,
alles also ist gesagt
mit solch dünngezogner
Naht als Mund,
durch Brillenkringel sieht man sich
stehn auf einer Luftlinie,
einem Faden,
ein Bein will
nach da, das längere
nach dort.

Wolken, Köpfer

Die Oberfläche, starr im Licht, du kannst
nur noch eintauchen jetzt oder untergehn.

Sichtvermerk

Bei den Rapsfeldern,
da, im Sonnenschimmer,
seiht der Tag das Grau
von Augenbinden ab und
hängt sie in den weißen
Rauch, der fernaufsteigt
über der Zementfabrik.

Freund Pathos spricht   für Martin Krauss

Die Tischkärtchen wissen unsre Namen, betrüblich
ist heut das Betrübliche, doch himmelhoch nur, wo
alles Weltliche sich trennt vom Irdischen, selbst
Ewigliches sich verläuft in der Unendlichkeit: so
er: Freund Pathos, im schwankenden Stehen,
sich selbst zitierend, die Brillengläser
beschlagen vom Lachen am Tisch,
seinen Rachenputzer, sein
Schnapsglas voll Tränen
erhebend.

Schmierblatt

Balgfetzen: aufgeschnapptes Jägerlatein.
Mein Gekritzel im unlinierten Schnee.
Auf den Rückseiten amtlicher Schreiben.
All das, was auf keine Festplatte geht.
Kuhhaut, täten die Großväter murren.

Eintragung   für Ellen Staib

Unterm Grau der leeren Himmelsränge,
blattlos schwankend Bäume, Wind, der
Drachenschnüre riß aus Kinderhänden,
einzeln pickt sich hinter mir im Raum
ein Uhrwerk fallende Sekunden,
Stille, die einen Schatten wirft,
es ist ein Abend nach durchwachtem Tag,
Wolken ziehn vorbei wie weggezogen
unter jemands Füßen, Erdanziehung,
eine Kraft, die ausgeht
von Begrabenen.

Schorsch   für Georg Marklstorfer

Als begänne mit dem Geburtsdatum
schon die erste Nachrufzeile, als hätte
am Himmel Ferne ein Netz geknüpft
aus Windmaschen, und deines Sargträgers
Blick wäre verfangen darin, der dann,
wenn er jetzt starrt auf die Erde, hört
wie Schnee fällt in einem kalten Raum,
und diese Fliege sieht, wie sie läuft
über dein Gesicht, auf deinen Augenlidern,
und sich nicht verscheuchen läßt,
sich nicht verscheuchen läßt.

Februar, Kalenderblatt

Solch ein frühverirrter
Frühlingstag, am Weiher,
an den Rändern, knackt
das Eis, auf den Mauern
schlafen Katzen, die Leute
gehn an Sonnenfäden, ihr
Schatten läuft voraus.

Loßburg, Poetiksplitter

Aber eine Rose aus dem Garten einer Suchtklinik,
Trockendock, so sagen wegweisend die Leute vom Ort,
solch eine Rose ist keine Rose wie eine Rose.

Mainacht, Heimweg   für Josef Hoben

Alles weit und breit.
Und so nah und so eng.
Ein vierbeiniges Männerballett sind wir.
Und die Sterne Ausstecherformen.
Schuckel nicht so oder bin ich es, der schwankt.
Drüben, da legt sich die Kalte Sophie in die Wiesen.
Sie wartet auf uns.

Weckdienst

Baukräne, deren langer Arm
schiebt vorm Fenster beiseite
die Wolken, an Stunden sieben
sind vom Tag schon aufgebeigt,
Lichtklumpen vor den Augen,
die Lider rasten ein, im Ohr
dröhnen Vogellaute vom Band,
umranken ein Stimmchen, das
hat blaue Kreide gefressen.

Morgenandacht

Ein kalter Rauch
hängt überm Tisch.
Der Rest vom Brot
ist hartgeworden.
Der Inselumriß
eines Rotweinflecks.
Und Hausspinnen,
die sitzenbleiben.
Auf dem Grund der
leeren Gläser.

Skizze

Vom Hochsitz aus, das Schweifen umfängt
den Blick, am Ortsrand verdecken Häuser

die Häuser, die Vizinalstraße schlängelt
sich fort, Lichtintarsien, die Landschaft

unterm Schnitt der Drähte, eingefaßt von
einer Waldeslänge, dem Saum der ungemähten

Futterwiesen und der Entfernungslinie, hin
zu einem Feldkreuz, aus Windwellen ragend,

wie ein Wegweiser, der in zwei verwitternde
Richtungen zeigt und moosgrün deutet auf den

Himmel, der mit seinen Schwalben
Weite mimt, bis zum Hohenzollern.

Abbruchhaus

Was dich windschief anblickt
aus einer eingeworfnen Fensterscheibe,
drei Schritt vor, ein Leben zurück,
über die ausgetretene Schwelle,
hinter der es zum Geburtshaus wird,
wo kein Stammhalter kam auf die Welt,
die Frühgestorbenen mitaltern mußten,
wie Glanzruß in den Ofenrohren, wie
vors Gesicht geschlagene Schaffhänd,
so die Düsternis in diesem Flur,
in die hinein man sagen möchte:
Marie, komm doch jetzt, steh auf,
dein Ascheneimer ist schon übervoll,
der Mürbteig aufgegangen, Krautfäule
haben die Tomaten, und die Frühbeete,
hörst du, die Frühbeete
sind nicht abgedeckt.

Vogelkorb, Gedächtnisprotokoll

Im Vogelkorb,
das überschaubare Wäldchen,
unklar seit wann im Familienbesitz,
die schütteren Wipfel,
du schlägst gegen die Stämme,
zeigst mir unter der Rinde den Käfer,
Dürräste knacken unterm Nadelteppich,
Vogelflügel, ein Hasengerippe,
darüber rätscht ein Häher, warnt vor uns,
bis das Sägengeheul ihn vertreibt,
die dritte Tanne verfängt sich,
vom Krachen splittert die Luft,
dein Atem wird kürzer, länger die Pausen,
»laß nur, gleich«,
wir verschätzen uns in der Zeit,
verbrennen zuletzt die Äste, das Reisig,
stehn abgeschafft um das prasselnde Feuer,
und ich sehe dich an
wie du ansiehst
wie es niederbrennt.

Arbeitsnachweis

Einen langen Sommer lang,
ohne Schönwettergeld,
mit vom Zuhörn leergepfropften Kopf,
tut der Handlanger,
was man ihm sagt,
schlägt Löcher in den Wandverputz,
bis er auf Schilfrohr stößt,
dem Wind und Ufer fehlt,
rührt Fliegen in die Spachtelmasse,
zertrümmert Funken mit dem Hammer,
sieht wie ein Hudler
vom Griff der Schraubzwing
einen Falter jagt,
und durch den abgeschliffnen Fensterrahmen
fortwärts wandelnde Gestalten,
vom Gipsstaub auf den Brillengläsern
in einem grauen Licht,
die Luftblase
der apportierten Wasserwaage
reichte kaum für einen halben Atemzug,
erst wenn die ersten Schatten
verkanten in den kahlen Räumen,
feiert sich der Abend,
und weißgestrichen aufgelöst
in einer rauhfasrigen Fläche:
der gewesene Tag.

Freundschaftsdienst, luftige Zeilen

Weil offene Dachstühle aussehen
wie Nistplätze für den Pleitegeier,
mit zwei Sätzen himmelstauglich angelernt,
Ausposauntes schluckt der Wind, weiterreichend
die Dachlatten, die Ziegel, das Teerpappenstück,
hinauf in die Höhe, die schwindelt, und wo
jetzt gemauert wird der Kamin: Freilichtbühne
bis zur diesigen Alb, Säulen oder Bohnenstangen,
fern das Ortsschild, von einer Mücke verdeckt.

Ufer

Wir sehen ihm nach,
dem Stein, wie er hüpft
auf dem Wasser, so
leicht aus dem Gelenk
meiner Hand, die dir
vorhin noch strich
übers Haar.

Glücksspiel, Anleitung

Aug um Aug und Kuß um Kuß,
Mindesteinsatz gibt es nicht,
sei kein Schmerzverderber,
komm, mach deine gute Miene,
wir spielen's aus und nehmen
Würfelzucker: weiß gewinnt.

Putzgesumm

Des Frühlings Putzkolonnen kommen,
wischen Nebel von den Fenstern,
kratzen Milchglasscheiben frei,
reiben in die Luft gestarrte Löcher aus
und mit Gebißreiniger die Schatten weg,
streun den Silberfischchen Futter hin,
polieren die Gesichter in den Spiegeln,
und saugen aus der Gräbchenspalte:
Brösel, Nachtschweiß, Fliegenbeine
und den Staub des letzten Jahrs.

Schwitzkasten

Sag Ja.
Sag Nein.
Sag Urirrtümlich.
Sag Irrurtümlich.
Sag einen andren Zungenbrecher.
Sag einen Liebesparagraph.
Sag wie zerronnen so gewonnen.
Sag wie du heißen willst.
Sag das Lächeln der Engel ist eine Steinmetzarbeit.
Sag mein Geburtsdatum ist ein Verlustvortrag.
Hör auf, magier nicht so.
Sag Zerfall der Schönheit.
Sag Schönheit des Zerfalls.
Sag Geldmästerei.
Sag Knochensalär.
Sag ich lebe neben meiner Biographie daher.
Sag Bitte, Danke, Bitte.
Sag Nein.
Sag Ja.

Omen

Es ist nichts,
es bedeutet nichts,
ist doch ein vergessenes
Photo nur, liegengeblieben
auf der Fensterbank, wo es
die Sonne anzieht, sich wellt,
ein rückentwickeltes Negativ
eines gestellten Augenblicks,
auf dem am Abend kaum noch
etwas zu erkennen ist, nur
Körperumrisse, zerfließende
Farben, unser Lachen als
Schattenablagerung.

Im Schrittempo

Untertourig laufend, künftigen
Ahnenforschern hinterher, im Hü und Hott
der Tage, Gelassenheit ein Vorsprung,
ein herausgetrotteter, die Wetterhähne
drehen sich im Kreis und Sturmholzstapel
liegen noch vom Vorjahr da, an leeren
Himmeln ein Kondensstreif, langgezogen
wie für eine Blankounterschrift.

Kartengruß

Gegend, gesprenkelt
mit Gehöften, Dörfern,
ein Weitblick auf das Nahgelegene,
hinweg über Gemarkungsgrenzen,
am höchsten Punkt ragt uneinnehmbar
die Ruine einer Burg, dahinter,
zwischen Verrinnen und Entrinnen,
der Horizont, die Linie
als schmaler Grat:
steht da, noch ungestempelt,
von mir in meiner Schrift geschrieben,
auf dem Rückseitigen von dieser Ansicht,
die adressiert ist an mich selber,
damit ich wissen werde,
wo ich war.

Flugmoment

Einmal noch, vorm Ungelenkwerden, rennen,
den steilen Abhang hinab im wehenden Grün,
bis abhebt, zu schnell für die Füße, der Körper,
mitten im Bruchteil von Straucheln und Sturz.

Schrottplatz, Neckarhausen

Tiefer Blauschlund, hier, abseitig, überm
apokalyptischen Idyll, diesem einfallslosen
Bühnenbild, das den Ort umreißt, im Blickwinkel
durch ein leeres Fernsehgehäuse: Augenblicksstätte
tonloser Ansprachen, hin aufs neue Jahrhundert,
zentriert um ein Containerpodest, mit Kotflügeln
zugedeckt, im unzugänglichen Rund, wo zutraulich,
aus den Schrottgängen jetzt, eine Katze erscheint,
die Regenwasser trinkt, an einer Blechmulde, nur um
verscheucht zu werden, namenlos, von der Schwärze
im lauthalsen Krächzen der Betreibergestalt, sowie
dem Lärmknall zweier Männer, die einen Ofeneinsatz
wuchten auf das Szenar der rostenden Stille und
fortfahren dann in die Richtung, aus der sie kamen,
und die Nachzügler sein könnten oder Vorboten.

Membran

Nimmernie und wirklich oder wahr, kein
Simsalakadabra, nur ein Kindermund, der
sagt: das hätt ich wollen möchten.

Irrläufer

Werter Freund,
die Adventskränze nadeln bereits
und die Zeit tut so als verginge sie
vom Abreißen der Kalenderblätter,
das Kind sticht Luftlöcher in einen Schuhkarton,
die Meinen sagen: bleib so wie du gerne wärst,
und leichthin unterschriebne Kaufverträge
kommen allmählich Geständnissen gleich,
es hapert nur an allen Ecken und Endlosigkeiten,
was man einsehen soll, hört sich so ausleuchtend an,
und für ein Leben als Einsiedler, da müßte
unsereiner in die allernächste Weltstadt ziehn,
nur ein grobes Flickwerk aus Momenten
die seitherigen Wochen, nur ein paar Zeilen
wie falschabgeschrieben von der Wirklichkeit,
und vorm Fenster zählt nun Abendwind schon wieder
die niedergelegenen Grashalme nach,
das Sein ist also an das Dasein angepflockt
und was wir haben, nur abgezwackt
von dem, was uns noch immer fehlt,
bis dannmals, baldhin, dadorthier: Ich
verbleib derweil im Gehen, mich einreihend
in den Blindensturz (Bruegel, 1569) überm Schreibtisch,
lege dem Letzten meine Hand auf die Schulter
und blicke zuversichtlich
in Richtung Ferne.

Refrain

Mäuserascheln, Katzenzwitschern, was
nicht geschah, vergißt sich leichter,
dirzulieb nur, mirzuleide, mach
die Augen zu und zähl bis null.

Inhaltsverzeichnis

I Winterabmachung 9   Bierlingen, im Höfle 10
Einflüsterung 11   Vaterbild 12   Lichtrechnung 13
Fixativ 14   Kindheitsgeschichte 15   Narrenmesse 16
Milchhäusle 17   Im Freien 18   Das eigene Zimmer 19
Schnapszahlendreher 20   Nachtschnitt 21

II Hörtest (1-10) 25

III Ausgangspunkt 37   Anprobe 38   Wolkenloge 39
Wolfsblick 40   Uhrenvergleich, Zeitklauberei 41
Handtascheninhalt 42   Onkelhymne 43   Strohhut 44
Jugendnimbus 45   Schulhof 46   Lovesong, Gedudel 47
Fundstück 48   Null ouvert 49   Erscheinung 50
Flugschrift 51   Paul Kälberer: Sintflut 52
Flugfahrradkonstruktion 53

IV Herbstnachmittage 57   Mannschaftsbild 58
Verlassener Sportplatz 59   Strafraum, Rehe 60
Helmut Rahn, 1977 61   Bildausschnitt 62   Antritt 63

V Briefschatulle (1-10) 67

VI Streichholzziehen 79   Strichmännchenporträt 80
Wolken, Köpfer 81   Sichtvermerk 82   Freund Pathos
spricht 83   Schmierblatt 84   Eintragung 85
Schorsch 86   Februar, Kalenderblatt 87
Loßburg, Poetiksplitter 88   Mainacht, Heimweg 89
Weckdienst 90   Morgenandacht 91   Skizze 92
Abbruchhaus 93   Vogelkorb, Gedächtnisprotokoll 94
Arbeitsnachweis 95   Freundschaftsdienst,
luftige Zeilen 96   Ufer 97   Glücksspiel, Anleitung 98
Putzgesumm 99   Schwitzkasten 100   Omen 101
Im Schrittempo 102   Kartengruß 103   Flugmoment 104
Schrottplatz, Neckarhausen 105   Membran 106
Irrläufer 107   Refrain 108

Nachweis

Vierzehn der vorliegenden Gedichte erschienen 1998 unter dem Titel »Ausgangspunkt«, ausgewählt von Hans Georg Bulla, in einer bibliophilen und limitierten Ausgabe bei Eric van der Wal, Bergen/ Holland.
Andere Gedichte wurden erstveröffentlicht in der »Allmende«, in der Zeitschrift »Das Gedicht«, in verschiedenen Ausgaben vom »Jahrbuch der Lyrik«, in der »ndl«, und in der »NZZ«.